Inhalt

Standardisierungs-Initiativen

Kernthesen

Beitrag

Fallbeispiele

Weiterführende Literatur

Impressum

Standardisierungs-Initiativen

I.Zeilhofer-Ficker

Kernthesen

- Seit 1999 arbeitet die weltweite Global Commerce Initiative (GCI) an der Standardisierung des Datenaustausches in Handels- und Geschäftsbeziehungen.
- Neben der Standardisierung von Daten und technischen Protokollen schlägt die GCI auch Standardprozesse (Best Practice) für den globalen Handel vor.
- Durch die wachsende Akzeptanz der vorgeschlagenen Standards sowie einer Vielzahl von Firmen, die sich der Anwendung verpflichtet fühlen, rückt die Verwirklichung von wirklich weltweitem Einkauf in greifbare Nähe.

Beitrag

Schon in den 70er Jahren haben größere Unternehmen damit begonnen, ihre Verkaufs-, Einkaufs- und Logistikprozesse verstärkt auf elektronische Medien umzustellen. Die damals entwickelten und vielfach bis heute eingesetzten EDI-Lösungen sind aber sehr kostenintensiv, da proprietär und jeweils nur als Point-to-Point-Verbindung zu nutzen. Durch den Einsatz von Internet-Technologien für Prozesse der Supply Chain konnten die EDI-Nachteile zum Teil ausgeglichen werden.

Dem grenzenlosen, internationalen, globalen Handel stehen aber immer noch technische Barrieren entgegen, da mit einer Vielzahl von national oder branchenintern unterschiedlichen Standards gearbeitet wird. Verschiedene Initiativen arbeiten mittlerweile daran, den Datenaustausch und die damit verbundenen Geschäftsprozesse global zu standardisieren.

Bei der ECR Europe Konferenz vom 22. bis 24. April 2002 in Barcelona wurde das Thema weltweite Standards für die Konsumgüterwirtschaft von den teilnehmenden ca. 2800 Managern aus ganz Europa ausführlich abgehandelt. Eine von der ECR unterstützte Initiative ist die GCI. (4), (15)

Global Commerce Initiative (GCI)

Die Global Commerce Initiative (GCI) wurde im Oktober 1999 von 37 weltgrößten Konsumgüterherstellern und Handelsunternehmen mit dem Ziel gegründet, den weltumspannenden Warenverkehr zu standardisieren und zu vereinfachen. Vertreten sind z. B. Metro, Henkel, Carrefour, Wal-Mart, Nestlé und Kraft Foods. Die Initiative wird von 8 internationalen Wirschaftsverbänden gesponsort, darunter als Standardisierungsexperten die EAN International und deren nordamerikanischer Kooperationspartner, die UCC. Deutscher EAN-Partner ist die Centrale für Coorganisation GmbH (CCG). (1), (17)

Im März 2002 wurden Unilever-Chef Antony Burgmans und Ahold CEO Cees van der Hoeven zu den neuen Vorsitzenden der Initiative ernannt. Beide unterstreichen die Notwendigkeit, Standards für Technik und Geschäftsprozesse zu entwickeln, die eine reibungslose Zusammenarbeit und den problemfreien Datenaustausch entlang globaler Lieferketten ermöglichen. Sie gehen davon aus, dass durch eine erfolgreiche Standardisierung ein Minimum von einem Prozent der heutigen IT- und

Logistikkosten beim Handel und der Industrie eingespart werden können. (2)

In die Projektarbeit zur Definition von Prozessanforderungen sind bei der GCI über 300 Unternehmensvertreter weltweit eingebunden. Während die GCI nur Empfehlungen für Standards ausspricht, ist es die gemeinsame Aufgabe von EAN International und UCC, diese Empfehlungen in entsprechende Standards umzusetzen. (3)

GCI-Projekte

Datenaustausch

Der Austausch von Stammdaten wie z. B. Produktbeschreibung, Gewicht etc., ist eine große Herausforderung für die GCI, da die Daten heute nur auf verschiedenartigen, nicht vernetzten Plattformen oder Datenbanken verfügbar sind. Ein einziger, globaler Stammdatenpool wird nicht als optimale Lösung angesehen, deshalb wird ein globales Register empfohlen, das den Nutzer auf die richtige Datenquelle für die gesuchten Stammdaten führt. Die GCI-Empfehlung eines solchen Registers beschreibt auch Szenarien des Stammdatenaustausches,

Aufgaben und Rollen der Beteiligten, die Vorteile, Umsetzungsstrategien, Anforderungen für die globale Suche von Artikelinformationen, Anforderungen sowie die notwendigen XML-Nachrichten. Man spricht dabei von Global Data Synchronisation. (3)

Das GCIP-Projekt (Global Commerce Internet Protocol) adressiert drei Gebiete:
- Datenzugriff und Datensicherheit (welche Information ist welchem Nutzer zugänglich)
- grundlegender Dateninhalt
- grundlegender Informationsfluss
Bereits im Juli 2000 hat die GCI Empfehlungen zum Datenaustausch unter Nutzung des Internets veröffentlicht und im März 2001 durch Umsetzungsempfehlungen ergänzt. Sie beinhalten die Prozesse Bestellung, Lieferavis, Rechnung und Stammdatenaustausch. ebXML wurde als "XML-Dialekt" von der GCI befürwortet. Seit Mitte Juli 2001 liegen auch die EAN-UCC Standards für XML-Tags und Schemata vor, erste Pilotanwendungen laufen. (3)

Standardisierung von Produktklassifikationen

Die Arbeitsgruppe Produkt Identifikation arbeitet an

der Vereinheitlichung der Warennummerierung. UCC und EAN haben beschlossen, weltweit mit der 14-stelligen GTIN (Global Trade Item Number) und der GLN (Global Location Number) zu arbeiten. Beide müssen in den USA aber erst implementiert werden. (3)

Daneben werden globale Produktklassifikationen (ähnlich der deutschen CCG-Standardwarenklassifikation) erarbeitet: veröffentlicht sind bereits Klassifikationen für die Bereiche Food and Beverages, General Merchandise und HBA, weitere sind in Planung. (3)

Neuer technischer Standard

Der Einsatz von Radiofrequenz-Technologie (RFID) kann logistische und Produktionsprozesse wesentlich verbessern. Zur Zeit werden verschiedene Technologien und Frequenzen eingesetzt, da es noch keinen weltweiten Standard für die Nutzung von RFID gibt. Die GCI hat dazu das GCI Intelligent Tagging Model beschrieben, das von der EAN-UCC als Standard für RFID empfohlen wird. Pilotprojekte sind für 2002 geplant. (3)

Best Practices

Einen weiteren Schwerpunkt setzt die GCI auf das Erstellen von Prozessempfehlungen (Best Practices). Sie baut hier auf bestehende Erkenntnisse von ECR-Initiativen (ECR=Efficient Consumer Response) und der amerikanischen VICS (Voluntary Interindustry Commerce Standards) auf.
Als erstes Beispiel wurde eine global Scorecard vorgestellt, die auf Ergebnissen aus USA, Europa und Asien aufbaut. Mit der Scorecard kann der Umsetzungsstand der ECR-Aktivitäten im eigenen Unternehmen aber auch in Kooperationen überprüft werden. Benchmarking ist damit ebenfalls möglich. (3)

Das in den USA bereits vor 4 Jahren entwickelte Modell zum CPFR (Collaborative Planning, Forecasting and Replenishment) wird zur Zeit mit europäischen Anforderungen wie Promotions, Upstream-Kette und Logistik-Dienstleister ergänzt und soll demnächst als GCI-Best-Practice-Empfehlung zum CPFR vorgestellt werden. Der entsprechende XML-Standard für CPFR wurde kürzlich von der EAN/UCC vorgestellt. (3), (18)

Einbindung von B2B-Marktplätzen

Die GCI arbeitet in vielen Projekten auch mit elektronischen B2B-Marktplätzen wie Transora, WWRE, CPGmarket und GNX zusammen, um sicherzustellen, dass deren Anforderungen berücksichtigt werden. (3)

E-Rialto

Da der etablierte elektronische Bestellprozess mittlerweile erheblich verfeinert wurde, ist es für viele Unternehmen nicht mehr ausreichend, nur Grundinformationen über ein Produkt durch die EAN-Nummer auszutauschen. Weitere Stammdaten wie Füllmengen, Gewicht, Verpackung und Produktbeschreibung sind zum Beispiel für die Lagerverwaltung, Platzausnutzung und Warenauszeichnung notwendig. Die deutsche CCG bietet über das Sinfos-Portal eine Plattform für den zentralen Stammdatenaustausch. Neben der zentralen Datenhaltung bietet Sinfos die Möglichkeit der Validierung der Informationen, den Abgleich bei Produktmodifikationen sowie die automatische Weiterleitung der Daten an eine Zieladresse.

Branchenspezifische Module gibt es für Food und Non-Food, Textil, Agrar und Pflanzenschutz. Zur Zeit wird die Sinfos-Plattform bereits von mehr als 800 Lieferanten und Händlern aus Deutschland, Österreich und den Niederlanden zum Austausch von Stammdaten genutzt. (5)

Auf der Basis von Sinfos möchte nun die E-Rialto-Initiative einen europaweiten Stammdatenkatalog schaffen. Elf europäische EAN-Organisationen beteiligen sich bereits an der Initiative, weitere Beitritte werden erwartet. (6)

UCCnet

Während sich in Europa wohl das Sinfos-Portal durchsetzen wird, ist im US-amerikanischen Raum der Stammdaten-Dienst von UCC-net in Gebrauch. Die Produktkatalog-Anbieter Sinfos, UCC-net, EdB (Schweiz), EAN-net (Australien) und ECCnet (Kanada) arbeiten mittlerweile zusammen an der Kompatibilisierung der verschiedenen Stammdaten-Formate. Da sich auch andere EAN- und UCC-Standards durch die GCI-Aktivitäten zunehmend angleichen werden, rückt das Ziel der globalen Standardisierung näher.

Fallbeispiele

UCCnet wird vor allem in den USA weitläufig genutzt. So tauschen z. B. das Handelsunternehmen Wegmans Food Markets und die Nestlè Purina Pet Care Company die Stammdaten über UCCnet aus. Auch Wal-Mart, A & P (Tengelmann-Tochter), Price Chopper, Kraft Foods und die Supermarktkette Shaws arbeiten mit UCCnet. (9)

Das von der E-Rialto als Basis vorgesehene Sinfos Portal hat im Juli 2001 das Modul Textil freigeschaltet. Angeschlossen an diesem Modul sind u. a. Gerry Weber, Triumpf, Falke, Boss, Schiesser, Kaufhof, Kaufring und Karstadt. Des weiteren kooperieren auch das BTE-Clearing-Center für mittelständische Textileinzelhändler sowie die B2B-Orderplattform Fashionovation.net mit Sinfos Textil. (10), (11), (12)

Der Metro-Konzern arbeitet zur Zeit mit einigen großen Herstellern an CPFR-Projekten, die sich aber noch über Jahre hinziehen werden. Durchschlagende Erfolge werden aber erst mit der Verwirklichung von Datenkonsistenz und Datensynchronisierung erwartet. (8)

Der größte B2B-Marktplatz der Autoindustrie, Covisint, hat im Januar 2002 bekannt gegeben, mit dem von der GCI empfohlenen Standard ebXML zu arbeiten. Covisint wird z. B. genutzt von DaimlerChrysler, Ford, General Motors, Renault, Nissan, PSA Peugeot Citroen sowie Commerce One und Oracle. (13)

Auch das neu gegründete Portal "Tradeplace" für Weiße Ware nutzt die XML-Technologie in enger Zusammenarbeit mit der GCI. Über Tradeplace können Waren der Marken AEG, Bauknecht, Bosch, Electrolux, Neff, Ignis, Siemens, Whirlpool und Zanussi von Fachhändlern bestellt und Verfügbarkeit und Lieferstatus abgefragt werden. (14)

Weiterführende Literatur

(1) About GCI, Internet-Seite der GCI,
http://www.globalcommerceinitiative.com
aus Government Computing, Heft 01-02/2002, S. 17

(2) Topmanager wollen mehr Effizienz
aus Lebensmittel Zeitung 13 vom 28.03.2002 Seite 030

(3) Standards für mehr Effizienz
aus Lebensmittel Zeitung 10 vom 08.03.2002 Seite 038

(4) ECR Europe diskutiert CPFR
aus Lebensmittel Zeitung 15 vom 12.04.2002 Seite 026

(5) EAN-Organisationen starten Europa-Initiative E-Rialto - Brücke für Stammdaten, Computerwoche Nr. 05/2002, S. 32
aus Lebensmittel Zeitung 15 vom 12.04.2002 Seite 026

(6) E-Rialto Dateninitiative wächst
aus Lebensmittel Zeitung 07 vom 15.02.2002 Seite 030

(7) Daten global und französisch
aus Lebensmittel Zeitung 37 vom 14.09.2001 Seite 032

(8) Metro baut Portal aus
aus Lebensmittel Zeitung 15 vom 12.04.2002 Seite 003

(9) Wegmans tauscht Daten via UCCnet
aus Lebensmittel Zeitung 07 vom 15.02.2002 Seite 034

(10) News
aus TextilWirtschaft 02 vom 10.01.2002 Seite 185

(11) BTE-Clearing-Center kooperiert mit SINFOS
aus TextilWirtschaft 10 vom 07.03.2002 Seite 028

(12) News
aus TextilWirtschaft 03 vom 17.01.2002 Seite 182

(13) Covisint setzt wie GCI auf den Standard ebXML
aus Lebensmittel Zeitung 02 vom 11.01.2002 Seite 028

(14) Einheitliches Portal zur Weißen Ware
aus Lebensmittel Zeitung 10 vom 08.03.2002 Seite 025

(15) Burgmans: Kooperation statt Konflikt
aus Lebensmittel Zeitung 17 vom 26.04.2002 Seite 028

(16) Kampagne für Standards
aus Lebensmittel Zeitung 16 vom 19.04.2002 Seite 028

(17) Engagement bei ECR, Internet-Seite der CCG,
http://www.ccg.de/Inhalt/e1/e16/e19
aus Lebensmittel Zeitung 16 vom 19.04.2002 Seite 028

(18) EAN.UCC veröffentlichen globalen CPFR XML-Standard (05/2002), Internet-Seite der CCG,
http://www.ccg.de/Inhalt/e4/e695
aus Lebensmittel Zeitung 16 vom 19.04.2002 Seite 028

Impressum

Standardisierungs-Initiativen

Bibliografische Information der deutschen Nationalbibliothek

Die Deutsche Nationalbibliothek verzeichnet diese Publikation in der deutschen Nationalbibliografie; detaillierte bibliografische Daten sind im Internet über http://dnb.d-nb.de abrufbar.

ISBN: 978-3-7379-0843-6

© 2015 GBI-Genios Deutsche Wirtschaftsdatenbank GmbH, Freischützstraße 96, 81927 München, www.genios.de

Alle Rechte vorbehalten. Dieses Werk ist einschließlich aller seiner Teile – z.B. Texte, Tabellen und Grafiken - urheberrechtlich geschützt. Jede Verwertung außerhalb der Grenzen des Urheberrechtsgesetzes bedarf der vorherigen Zustimmung des Verlags. Dies gilt insbesondere auch für auszugsweise Nachdrucke, fotomechanische Vervielfältigungen (Fotokopie/Mikroskopie), Übersetzungen, Auswertungen durch Datenbanken oder ähnliche Einrichtungen und die Einspeicherung und Verarbeitung in elektronischen Systemen.